Inhalt

Norman und der Pinguin

Es war ein sonniger Tag in Pontypandy. Feuerwehrmann Sam und seine Kollegen Penny und Elvis überprüften gerade einen Hydranten, als das Auto von Lizzie Sparkes neben ihnen stoppte.

Lizzie, die als Tierärztin im Zoo von Newtown arbeitete, war ganz aufgeregt. „Einer unserer Pinguine ist aus dem Zoo entwischt. Würdet ihr bitte nach ihm Ausschau halten?", bat sie die Feuerwehrleute. „Es gibt auch eine Belohnung: ein Jahr freien Eintritt in den Zoo."

Elvis rutschte vor Aufregung beinahe der Schlauch aus der Hand. Diese Belohnung wollte er sich auf keinen Fall entgehen lassen. Er musste den Pinguin unbedingt finden!

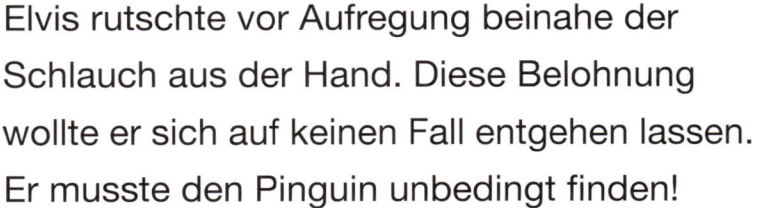

Zur selben Zeit waren Norman und Mandy am Strand. Norman baute eine Sandburg, und Mandy blätterte in einer Zeitschrift.

„So, jetzt fehlen mir nur noch ein paar Muscheln zum Dekorieren", murmelte Norman und ließ seinen Blick über den Sand schweifen. Plötzlich erstarrte er. „Mandy, träume ich oder kommt da ein Pinguin angewatschelt?", stammelte er.

Ungläubig sah Mandy von ihrer Zeitschrift auf. „Oh nein, der Arme!", rief sie. „Er gehört bestimmt in den Zoo. Wir müssen ihn sofort zurückbringen!"

„Wenn er aus dem Zoo ausgebrochen ist, heißt das doch, dass es ihm dort nicht gefällt, oder?", widersprach Norman. „Ich nehme ihn lieber mit zu mir."

„Hm, ich weiß nicht. Er ist doch kein Haustier", wandte Mandy ein. „Außerdem stinkt er nach Fisch."

„Komm schon! Wir werden jede Menge Spaß mit ihm haben", meinte Norman. Dann nahm er den Pinguin auf den Arm und machte sich auf den Weg nach Hause.

Mandy folgte ihm zögernd.

Im Supermarkt war Dilys gerade mit einer Duftkerzenlieferung beschäftigt. Darum konnten die Kinder mit dem Pinguin unbemerkt an ihr vorbei in Normans Zimmer schleichen.

Kaum hatte Norman den Pinguin in seinem Zimmer abgesetzt, hüpfte der kleine Watschler mit aufgeregten Quietschgeräuschen zuerst auf Normans Bett, dann auf den Tisch und schließlich zurück auf den Boden. Mit seiner Flosse warf er dabei den Sessel um, der gegen das Skateboard krachte, das wiederum den Hocker umriss.

Entsetzt starrten Norman und Mandy auf das Chaos im Zimmer.

„War wohl doch keine so gute Idee, ihn mitzunehmen", gab Norman zu.

„Wir müssen ihn irgendwo hinbringen, wo es Wasser gibt", überlegte Mandy.

„Wie wäre es mit dem Schwimmbad?", schlug Norman vor.

Mandy nickte. „Gute Idee."

Draußen am Hafen arbeiteten Sam und sein Team weiter an der Über-
prüfung der Hydranten.

„Elvis", mahnte Sam mit strenger Stimme. „Du bist überhaupt nicht bei der
Sache. Was machst du denn da?"
Stolz zeigte Elvis ihm eine Zeichnung.

„Ich habe ein Vermisstenplakat für den
verschwundenen Pinguin gezeichnet",
verkündete er.

„Das ist wirklich nett von dir, Elvis. Aber
eigentlich solltest du den Wasserdruck
notieren", seufzte Sam.

„Es tut mir leid, Sam. Ich würde den Pinguin einfach so gern finden und
die Belohnung bekommen", erklärte Elvis eifrig.

Unterdessen überlegten Norman und Mandy, wie sie den Pinguin unbemerkt ins Schwimmbad bringen konnten.

„Wir stecken ihn am besten in eine von Mums Kisten von der Duftkerzen-lieferung", schlug Norman vor.

Gesagt, getan! Mit einem Bollerwagen transportierten Norman und Mandy die Kiste ins menschenleere Freibad von Pontypandy.

„Jetzt lassen wir ihn schnell ins Wasser, dann verschwinden wir", flüsterte Norman und öffnete den Deckel. Aber – *huch!* – die Kiste war leer!

„Oh nein, Norman!", schimpfte Mandy. „Du hast die falsche Kiste auf den Bollerwagen geladen! Was machen wir jetzt?"

Im Supermarkt war Dilys immer noch damit beschäftigt, ihre Lieferung auszuräumen. „Heute Abend kommt Trevor zum Essen. Ich könnte Duftkerzen für ihn anzünden", überlegte sie. „Aber nehme ich Vanilleduft oder lieber Rosenduft? Am besten probiere ich es aus." Voller Vorfreude zündete Dilys zwei Duftkerzen an und stellte sie auf die Theke. Dann machte sie sich wieder ans Auspacken.

„Aaaahhh!", schrie Dilys plötzlich auf. Was war denn das? In der Kiste saß ein Pinguin! Und er duftete überhaupt nicht gut, sondern stank nach Fisch!

Vor lauter Schreck verlor Dilys das Gleichgewicht und riss die brennenden Kerzen von
der Theke. Oh nein! Die Kerzen flogen direkt
auf den Stapel mit den Pappkartons, und die
fingen sofort Feuer. Hektisch rannte Dilys durch
ihren Supermarkt. Auf der linken Seite war die Tür
mit Kisten versperrt, und von rechts schlugen ihr
lodernde Flammen entgegen. Was sollte sie nur
tun? Kurz entschlossen schnappte Dilys sich den
Pinguin und rannte mit ihm die Treppe hinauf ins
Obergeschoss.

Oben angekommen, machte sie schnell das Fenster auf und schrie verzweifelt nach Hilfe.

Glücklicherweise kam im selben Moment Trevor Evans um die Ecke, der sich schon auf das Abendessen mit Dilys freute. Erschrocken hob er den Kopf. „Dilys, meine Liebe, was ist denn passiert?", rief er besorgt.

„Unten im Laden ist ein Feuer ausgebrochen", antwortete Dilys. „Der Pinguin und ich haben uns nach oben gerettet, aber wir kommen nicht mehr hinaus."

„Der Pinguin?", wiederholte Trevor verwirrt. Dann fasste er sich und meinte: „Ich rufe umgehend Feuerwehrmann Sam!"

Tatütata! Nur wenig später waren Jupiter und Venus mit Sam und seinem gesamten Team zur Stelle.

„Elvis und Penny, ihr fahrt die Hebebühne hoch und bringt Dilys und den Pinguin in Sicherheit", entschied Sam.

Elvis nickte. „Du kannst dich auf uns verlassen, Sam."

„Ellie, wir beide kümmern uns um das Feuer im Supermarkt", fuhr Sam fort.

„Alles klar", erwiderte Ellie und setzte ihre Atemschutzmaske auf.

Der Einsatz konnte beginnen! Sam und Ellie rollten schnell die Wasserschläuche aus und stürmten in den brennenden Laden.

Schon nach kurzer Zeit waren die Flammen gelöscht.

Auch bei Elvis und Penny lief alles nach Plan. Penny steuerte die Hebebühne von unten, sodass Elvis mit dem Rettungskorb direkt vor Dilys' Fenster war. Zunächst half er Dilys, vorsichtig hinüberzuklettern. Dann packte er den Pinguin und setzte ihn behutsam im Rettungskorb ab.

„Na, du kleiner Watschler, du stinkst ja ganz schön nach Fisch", lachte Elvis und beugte sich stolz nach unten. „Wir haben den Pinguin!"

Auf dem Gehweg hatte sich bereits eine Gruppe von Zuschauern gebildet. Norman und Mandy waren da, und auch Lizzie war mittlerweile gekommen. Alle applaudierten.

Langsam fuhr die Hebebühne mit Elvis, Dilys und dem Pinguin nach unten.

„Bekomme ich jetzt die Belohnung?", erkundigte sich Elvis.

„Belohnung?", fragten die anderen im Chor.

„Ja, wer mir den Pinguin zurückbringt, bekommt ein Jahr freien Eintritt in den Zoo", nickte Lizzie.

„Ich hab ihn als Erster gefunden", rief Norman.

„Aber ich wollte ihn gleich zurückbringen", widersprach Mandy.

„Immerhin habe ich ihn vor dem Feuer gerettet", meldete sich Dilys.

Und während sich alle weiter um die Belohnung stritten, watschelte der Pinguin unbemerkt davon ...

Hüpfburg in Seenot

Schon sehr früh am Morgen hatten Feuerwehrmann Sam und seine Kollegen ein wichtiges Treffen im Aufenthaltsraum. Penny war krank, und so musste das Team heute ohne die Feuerwehrfrau auskommen.

„Ich bin gespannt, wen die Zentrale uns als Vertretung schickt", meinte Ellie.

Da klopfte es schon an der Tür, und ein junger Feuerwehrmann trat ein.

„Guten Morgen zusammen! Darf ich mich vorstellen? Jerry Lee Cridlington."

„Cridlington?", wiederholte Sam erstaunt.

„Ja genau, ich bin der Cousin von Elvis Cridlington", grinste Jerry Lee.

„Wenn du so gut singen und backen kannst wie unser Elvis, werden wir viel Spaß bei der Arbeit haben", erwiderte Sam und lächelte.

Unterdessen war ganz Pontypandy mit den Vorbereitungen für das große Fischfang-Fest beschäftigt.

„Oh, Mr Steele, schauen Sie nur!", jammerte Dilys Price anstelle einer Begrüßung, als Hauptfeuerwehrmann Steele den Sparpreis-Supermarkt betrat. „Ich habe versprochen, eine Torte für unser Fest zu backen, aber sie will mir einfach nicht gelingen." Verzweifelt hob sie die missglückte Torte in die Höhe.

Hauptfeuerwehrmann Steele überlegte. „Vielleicht könnte Elvis Ihnen helfen. Er ist ein hervorragender Bäcker."

„Wirklich?", rief Dilys erleichtert. „Das wäre wunderbar."

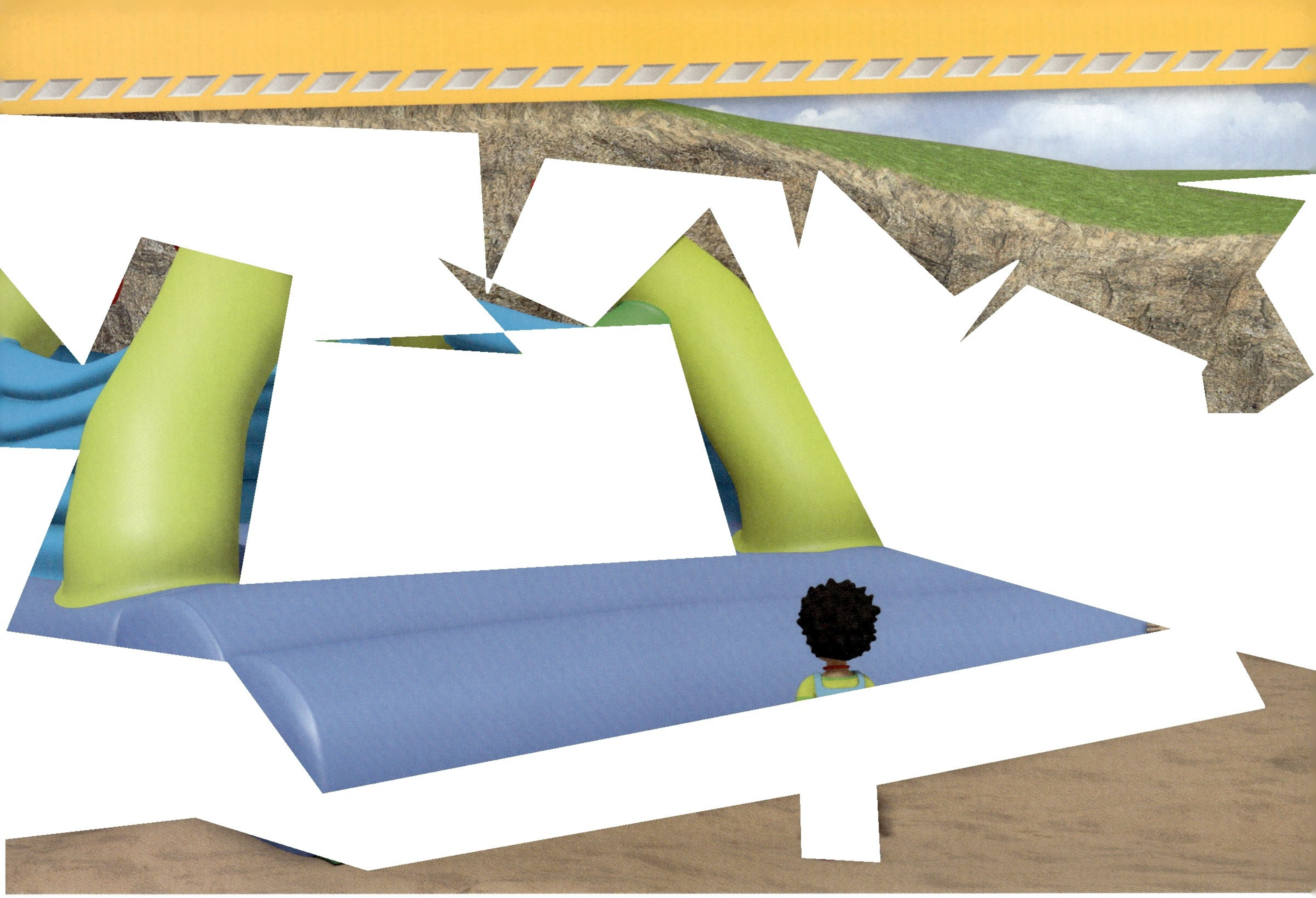

Zur selben Zeit bemühte sich Mike Flood,
mithilfe von Mandy und Norman am
Strand eine Hüpfburg aufzubauen. „Puh!",
keuchte er angestrengt und wechselte
beim Treten des Blasebalgs vom linken auf
den rechten Fuß. „Das dauert ja ewig, bis
sie aufgepumpt ist."

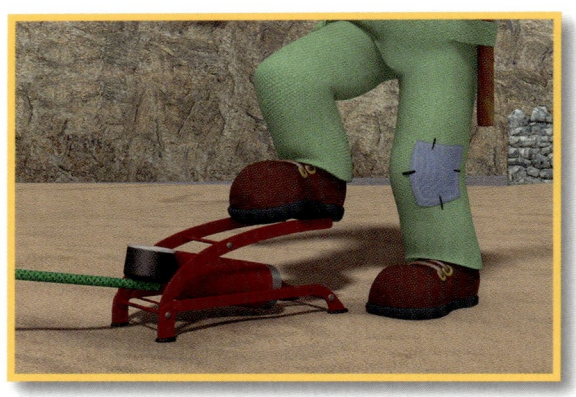

„Dürfen wir gleich drauf?", fragte Norman ungeduldig.

Mike schüttelte den Kopf. „Natürlich nicht. Die Burg ist doch noch gar nicht
im Boden verankert."

Endlich war Mike mit Pumpen fertig. Prall mit Luft gefüllt stand die Hüpfburg vor ihnen.

„Ich liebe Hüpfburgen", strahlte Norman und biss in sein Sandwich.

Plötzlich stürzte sich eine Möwe aus der Luft zu ihm herab und schnappte sich ein Stück.

„Hey!", beschwerte sich Norman.

„Ich bin kurz weg, Werkzeug für die Verankerung holen", rief Mike den Kindern zu.

Mandy winkte. „Alles klar!"

Kaum war Mike verschwunden, stupste Norman seine Freundin an. „Los, testen wir die Hüpfburg!"

„Aber mein Vater hat es doch verboten", zögerte Mandy.

„Na und?", meinte Norman und kletterte auf die Burg.

Mandy folgte ihm schließlich, und die beiden hüpften fröhlich auf und ab.

Boing, boing, boing!

Mandy und Norman hatten einen
solchen Spaß, dass sie gar nicht
bemerkten, wie die Hüpfburg Stück für
Stück über den Sand hinweg immer
weiter in Richtung Meer rutschte. Erst
als sie bereits auf dem Wasser trieben,
wurde ihnen klar, was passiert war.

„Hatte mein Vater nicht etwas von ‚im Boden verankern' gesagt?", stöhnte
Mandy.

„Kann sein", murmelte Norman kleinlaut.

Vom Strand aus hatte Mike die beiden bereits entdeckt und starrte entsetzt
aufs Meer. Hätte er die Kinder doch nur nicht allein gelassen! Blitzschnell
griff er zu seinem Handy und informierte die Feuerwehr.

Feuerwehrmann Sam leitete den Notruf umgehend an Ben Hooper von der Wasserwacht weiter: „Mandy Flood und Norman Price treiben auf einer Hüpfburg aufs offene Meer hinaus. Wir sind auf dem Weg zu dir."

„Verstanden", erwiderte Ben und nahm sein Fernglas zur Hand.

Als wenig später Sam und sein Team an der Wasserwacht ankamen, hatte Ben die Hüpfburg mit den Kindern bereits geortet.

„Sie befinden sich in Richtung Nordnordwest", sagte er.

„Danke, Ben. Ich nehme Juno, und Elvis und Jerry Lee fahren mit Neptun aufs Meer hinaus", erklärte Sam und schwang sich auf den Jetski.

Elvis und sein Cousin Jerry Lee sprangen in das gelbe Rettungsboot und brausten los.

Auf offener See nahm die Hüpfburg inzwischen weiter Fahrt auf und entfernte sich mehr und mehr von der Küste.

„Das ist alles deine Schuld, Norman Price", schimpfte Mandy.

„Immerhin können wir nicht untergehen, solange die Hüpfburg voller Luft ist", versuchte Norman, Mandy zu beruhigen. Plötzlich erstarrte er.

„Nicht du schon wieder, verschwinde!", schrie er die Möwe an, die gerade auf der Hüpfburg gelandet war.

Doch die Möwe gehorchte ihm nicht. Stattdessen begann sie, mit ihrem spitzen Schnabel ein Loch in die Gummihaut zu picken. *Pffffft!*

„Oh nein!", rief Mandy verzweifelt.

Immer schneller entwich die Luft, und die Hüpfburg sackte nach und nach in sich zusammen. Schon schwappte Wasser hinein.

„Ich kann mich gleich nicht mehr halten", jammerte Norman.

„Ich auch nicht." Mandy zitterte vor Angst und Kälte.

Da erklang hinter ihnen Feuerwehrmann Sams Stimme: „Haltet durch, wir holen euch da runter!"

Während Sam Norman zu sich auf den Jetski hob, zogen Elvis und Jerry Lee Mandy an Bord des Bootes. Erleichtert atmeten die Kinder auf.

Elvis befestigte schließlich noch die Hüpfburg an Neptun, dann fuhren sie gemeinsam zurück zum Strand.

Nun stand einem gelungenen Fischfang-Fest nichts mehr im Wege. Kurze Zeit später hatte Mike sogar die Hüpfburg repariert und noch einmal aufgepumpt. Doch was war mit Dilys' Torte?

„Hatten Sie mir nicht versprochen, Elvis würde mir mit der Torte helfen?", erinnerte Dilys Hauptfeuerwehrmann Steele.

„Äh, ja", stammelte Mr Steele. „Allerdings musste Elvis Gitarre üben, und dann hatten wir einen wichtigen Einsatz ..."

„Zum Glück gibt es hier ja noch einen Cridlington, der backen kann", schaltete Jerry Lee sich ein – und präsentierte stolz ein prachtvolles Kunstwerk aus Früchten und Baiser.

Endlich konnte das Fest beginnen! Die Kinder kletterten auf die Hüpfburg, Elvis spielte auf seiner Gitarre, und Jerry Lee stellte seine Torte auf den Tisch.

„Schade, dass wir nicht immer zwei Cridlingtons im Team haben", meinte Hauptfeuerwehrmann Steele.

„Die Torte ist wirklich ein Meisterwerk", schwärmte Dilys begeistert.

Da erklang plötzlich lautes Möwengeschrei am Himmel. Zielsicher steuerte die Möwe auf Jerry Lees Torte zu und flog mit einem Riesenstück Baiser im Schnabel wieder davon. Norman stöhnte genervt. „Diese freche Möwe werden wir wohl nie mehr los."

James und der Riesenkürbis

Auch in diesem Sommer fand im Park von Pontypandy der alljährliche Riesengemüse-Wettbewerb statt. Alle Bewohner waren gekommen, um stolz ihre größte und schönste Ernte zu präsentieren. Auf den Tischen im Park stapelten sich bereits Lauch, Kartoffeln, Zwiebeln und Karotten.

„Das darf doch nicht wahr sein!", rief Mike Flood entrüstet. „Jemand hat sich meine Zuckererbsen schmecken lassen."

Nachdenklich betrachteten Feuerwehrmann Sam und sein Kollege Elvis das Gemüse.

„Schau mal, fast alles ist schon angeknabbert", stellte Elvis fest.

„Das ist wirklich seltsam", wunderte sich Sam.

Zur selben Zeit rollten Sarah, James
und Mandy einen riesengroßen
Kürbis vor sich her.
„Ich glaube, wir kommen nie beim
Wettbewerb an", stöhnte Mandy
außer Atem.
„Warum schieben wir nicht einfach

unsere Seifenkisten zusammen und bringen den Riesenkürbis damit den
Hügel hinauf?", schlug Norman vor.
Gesagt, getan! Sie schnürten ihre Seifenkisten zusammen, banden den
Riesenkürbis darauf, und James zog das Gefährt den Berg hinauf.
„Zieh, James, zieh!", feuerte Norman seinen Freund an.
„Warum eigentlich immer ich?", ächzte James unter der schweren Last.

Völlig außer Puste erreichte James schließlich den Gipfel des Berges. Puh, geschafft! Nun ging es zum Glück nur noch bergab.

Da erklang plötzlich ein spitzer Schrei. „Vorsicht, James!", rief Sarah.

Auf dem abschüssigen Gelände wurden die Seifenkisten immer schneller. Gleich würden sie James von hinten überrollen!

Panisch blickte James nach hinten, dann rannte er, so schnell er konnte.

Dennoch kam der Rollwagen näher und näher ...

In letzter Sekunde rettete James sich mit einem Sprung auf das Gefährt. Doch die rasante Talfahrt konnte er nicht mehr stoppen.

Von dem Hügel ging es direkt hinunter in die Straßen von Pontypandy.
James und sein Gefährt rasten in einem Höllentempo quer durch die Stadt.
„Hilfe, ich kann nicht bremsen! Ruf Feuerwehrmann Sam!", schrie James,
als er an Lokführer Gareth vorbeisauste.
Gareth griff schnell zu seinem Handy. „Sam? Hier spricht Gareth. James
hat die Kontrolle über sein selbst gebautes Gefährt verloren und steuert

direkt auf die Klippen zu."
„Verstanden. Wir kommen sofort",
erwiderte Sam und informierte
Feuerwehrfrau Ellie.

Ellie holte Sam im Park ab und nahm umgehend James' Verfolgung auf. „Da vorne ist er." Ellie zeigte auf die Wiese, an deren Ende die Felsen steil ins Meer abfielen. Der Rollwagen mit dem Kürbis hatte mittlerweile so viel Tempo, dass er gefährlich von einer Seite auf die andere schwankte. Ängstlich klammerte James sich an seinen Sitz.

„Wir müssen uns beeilen", mahnte Sam. „Die Klippen kommen immer näher."
Als Venus auf gleicher Höhe mit dem Rollwagen war, hangelte sich Sam zu James hinüber und befreite ihn von dem Seil. Danach packte er den Jungen und sprang mit ihm in das fahrende Feuerwehrauto.

Im nächsten Augenblick erreichte der
Rollwagen den Rand der Klippen und
stürzte zusammen mit dem Riesenkürbis
hinunter ins Meer. *Platsch!*
Mit ernster Miene blickte Sam seinen
Neffen an. „Das war wirklich knapp,
James."

„Ich weiß, Sam. Bitte sei mir nicht böse",
erwiderte James.
Sam schüttelte den Kopf und lächelte. „Hauptsache, dir ist nichts passiert."
Dann wandte er sich an Ellie: „Kannst du uns bitte im Park absetzen?
Vielleicht kommen wir ja noch rechtzeitig zur Siegerehrung."

Im Park wurde James schon ungeduldig von Norman erwartet.

„Nur wegen dir kann unser Riesenkürbis jetzt nicht mehr gewinnen",
schimpfte Norman.

„Du solltest dich lieber bei deinem Freund entschuldigen, dass ihr ihn
in so große Gefahr gebracht habt", ermahnte ihn Sam.

Widerwillig murmelte Norman eine Entschuldigung.

„Was ist denn jetzt mit der Siegerehrung?",
wollte Mike Flood wissen.

„Da nur ein einziges Gemüse nicht
angeknabbert und damit nicht disqualifiziert
ist, erkläre ich Trevors Minikarotte zum
Sieger des diesjährigen Riesengemüse-
Wettbewerbs", verkündete Sam und grinste.

Stolz nahm Trevor den Beifall entgegen.

Aber was war das? Plötzlich huschte ein kleines Meerschweinchen über den Rasen, schnappte sich die kleine Karotte und hoppelte davon.

„Norris? Du bist also der Übeltäter!", riefen Sarah und James und sahen ihrem Meerschweinchen verdutzt hinterher.

„Sie müssen Norris wieder einfangen. Bitte! Sie sind doch die Feuerwehr", wandten sich die Zwillinge bettelnd mit einem Schuhkarton an Hauptfeuerwehrmann Steele.

„Ja ... aber ... wie ...?", stammelte Mr Steele.

„Wir übernehmen das, Sir", sagte Sam und griff sich den Schuhkarton.

„Elvis, kommst du?"

Und gemeinsam machten sich die beiden Feuerwehrmänner auf die Jagd nach dem Meerschweinchen.

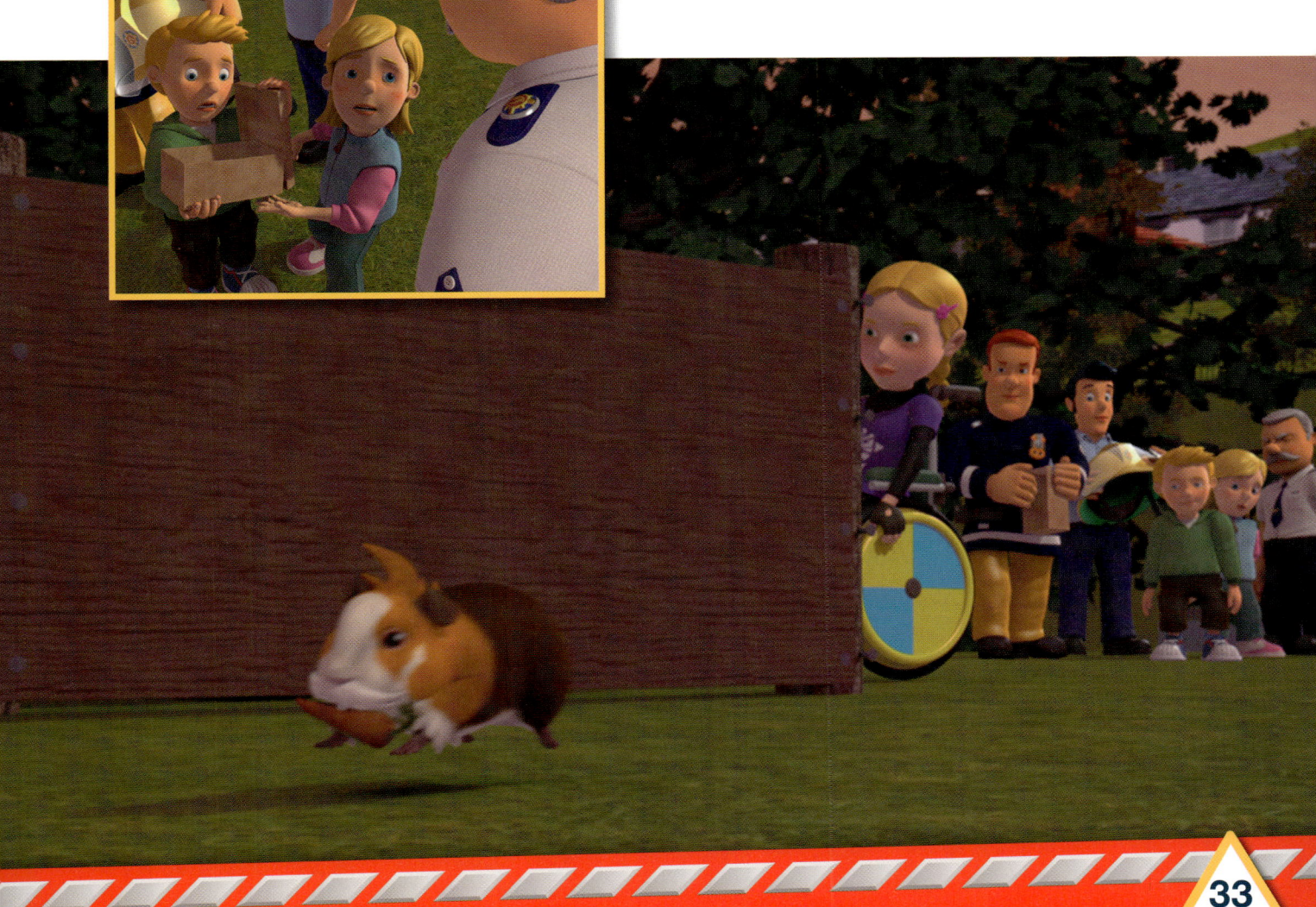

Feuer auf der Mitternachtsparty

Beim Einkaufen in Dilys' Supermarkt trafen Gwendolyn, Sarah und James auf Feuerwehrmann Sam.

„Was machst du denn hier, Onkel Sam?", wollte Sarah wissen.

„Ich will heute Zuckeräpfel machen und brauche noch ein paar Zutaten", antwortete Sam.

„Oh lecker, ich liebe deine Zuckeräpfel! Würdest du auch welche für uns machen? Wir feiern heute nämlich eine Mitternachtsparty", erklärte James.

„Ja, sehr gerne. Dann bringt Penny euch ein paar vorbei, wenn es dunkel ist", versprach Sam.

„Das ist wirklich lieb, Sam", bedankte sich Gwendolyn.

Zurück in der Feuerwache machte Sam sich gleich an
die Arbeit.

„Kann ich dir helfen?", fragte Elvis.

„Ja. Du könntest den Zucker erhitzen. Aber pass auf,
dass er nicht im Topf festklebt", sagte Sam.

„Zu spät", seufzte Elvis im selben Moment. „Ich
glaube, ich fange noch mal von vorne an."

Es dauerte eine Weile, aber schließlich waren die
Zuckeräpfel fertig, und Sam stellte sie vorsichtig in eine Box.

„Mmmmh, sehen die köstlich aus!", schwärmte Hauptfeuerwehrmann
Steele und wollte sich gleich einen Zuckerapfel nehmen.

„Tut uns leid, Sir", hielt Elvis ihn davon ab. „Die sind für die
Mitternachtsparty von Sarah und James."

Im Kabeljau-Café liefen die Vorbereitungen
unterdessen auf Hochtouren.
„Ich finde, wir sollten alles gruselig dekorieren,
mit Spukgirlanden, Fledermäusen, Spinnen und
Gespenstern", schlug Sarah vor.
„Das ist eine super Idee", stimmte James zu und begann,
eine riesige Fledermaus zu basteln.
„Die ist viel zu groß, eigentlich sollte mein Gespenst da hin", beschwerte
sich Sarah, als James seine Fledermaus an die Decke hängte.
„Es ist auch meine Party", erwiderte James trotzig.
„Aber die Gruseldeko war meine Idee", meckerte Sarah.

Plötzlich unterbrach ein stürmisches Klingeln den Streit der Zwillinge – die Partygäste standen vor der Tür! Mandy, Hannah, Derek und Norman hatten sich Monstermasken aufgesetzt und betraten mit einem lauten *Huhu* das Kabeljau-Café.

„Wow, was für eine tolle Fledermaus!", staunte Norman.

„Echt cool", bestätigte Derek.

„Sieht total echt aus", meinte Hannah.

„Wirklich gruselig", lobte Mandy.

„Hab ich gemacht", erklärte James voller Stolz. „Wie wär's jetzt mit einem Monstertanz? Ich mache mal die Musik an."

Begeistert stürmten die Freunde auf die Tanzfläche und bewegten sich ausgelassen zu James' Musik. Nur Sarah stand beleidigt daneben. Alles drehte sich nur um James und seine blöde Fledermaus. Dabei war es doch auch ihre Mitternachtsparty. Und jetzt trampelte Norman auch noch auf ihrem Gespenst herum! Traurig hob Sarah den Stoff vom Boden auf und schlich mit der Taschenlampe die Kellertreppe hinunter. Hier müsste doch irgendetwas zu finden sein, womit sie die anderen beeindrucken konnte.

Ihr Blick fiel auf das alte Puppenhaus aus Pappe. Das war es!

Sarah überlegte. „Ich könnte ein richtiges Spukhaus daraus machen. Aber dazu müsste ich es irgendwie von innen beleuchten. Wie mache ich das nur?", fragte sie sich und sah sich im Keller um.

Da! In der Kiste mit dem Weihnachtsschmuck entdeckte sie plötzlich eine Packung Kerzen und eine Schachtel Streichhölzer. Das war genau das, was sie brauchte!

Sarah zündete zwei Kerzen an und stellte sie behutsam in das Haus hinein. Perfekt – aus dem Puppenhaus war tatsächlich ein Spukhaus geworden!

Stolz trug Sarah ihr Meisterwerk nach oben und stellte es direkt unter James' Fledermaus.

„Na, was sagt ihr jetzt?", fragte sie triumphierend in die Runde.

„Das sieht toll aus, Sarah", antwortete Hannah.

„Wie hast du das gemacht?", wollte Mandy wissen.

„Ach, das war ganz leicht", winkte Sarah ab. „Spielen wir jetzt mal eins von meinen Spielen?"

„Ja!", riefen die anderen im Chor.

„Dann muss ich endlich auch keine Klopapier-Mumie mehr sein", atmete Norman erleichtert auf.

„Aber …", versuchte James einzuwenden. Doch niemand hörte ihm zu.

„Hier riecht es irgendwie verbrannt, findet ihr nicht auch?", stellte Norman
kurze Zeit später fest und streckte seine eingewickelte Nase in die Luft.
„Ich glaube, du hast recht", sagte Hannah.
Besorgt schauten sich die Kinder um.
„Mein Spukhaus!", rief Sarah entsetzt.
„Meine Fledermaus!", jammerte James.
Die Kerzen hatten das Papphaus in Flammen gesetzt, und das Feuer
war bereits auf die Fledermaus übergesprungen. Der Brand breitete
sich blitzschnell weiter aus. Im nächsten Augenblick brannten ein paar
Holzhocker. Es knisterte und knackte, dann fielen sie um und versperrten
den Ausgang. Oh nein!

Draußen vor der Tür ahnten Charlie und Gwendolyn nichts von dem Drama, das sich drinnen im Café abspielte. Mit einer Tasse Tee in der Hand lehnten sie an der Kaimauer und genossen den schönen Abend.

Hinter ihrem Rücken bog Feuerwehrfrau Penny um die Ecke. Sie hatte die Box mit Sams Zuckeräpfeln dabei. Als sie vor der Tür des Cafés stand, erstarrte sie vor Schreck. „Da drinnen brennt es, und die Tür ist blockiert", rief sie Charlie und Gwendolyn zu und griff zu ihrem Handy. „Sam? Ein Feuer im Kabeljau-Café! Ihr müsst sofort kommen."

Nun musste Penny sich so schnell wie möglich um die Kinder kümmern. „Feuerwehrmann Sam ist unterwegs", beruhigte sie die verängstigten Kinder durch die Glasscheibe. „Legt euch flach auf den Boden! Wir holen euch gleich raus."

Nur wenig später waren Sam und seine Kollegen auch schon vor Ort. Mit einem Brecheisen öffnete Sam die Tür und kümmerte sich als Erstes um die Kinder. „Gebt mir eure Hand! Ich bringe euch nach draußen", sagte er.

Währenddessen richtete Elvis den Wasserschlauch auf die lodernden Flammen. Schließlich kam Sam ihm zu Hilfe, und gemeinsam löschten sie das Feuer.

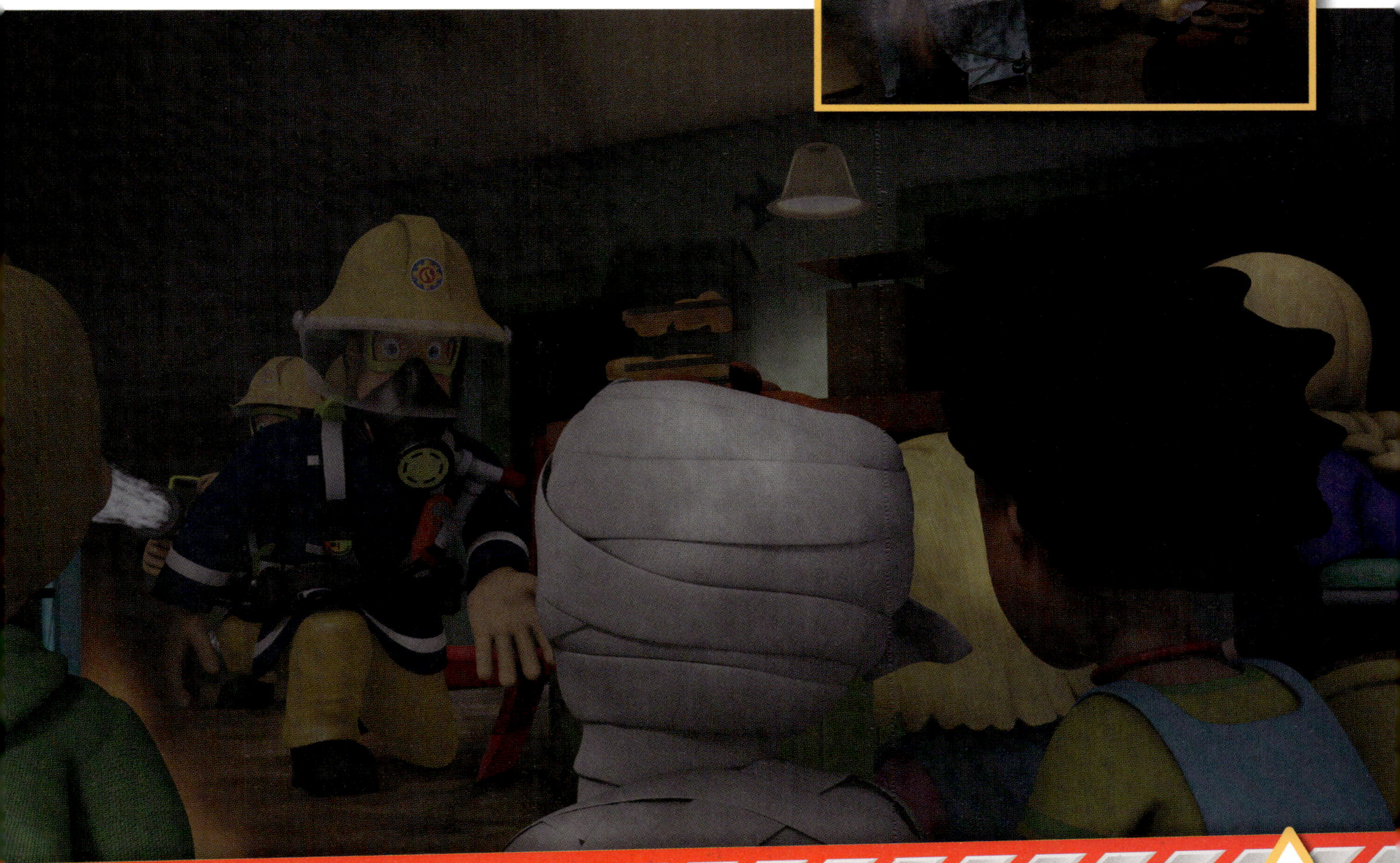

Als der Rettungseinsatz beendet war, gingen Sarah und James zu Feuerwehrmann Sam.

„Wir müssen uns bei dir entschuldigen, Onkel Sam. Das ist alles nur passiert, weil jeder von uns besser sein wollte als der andere", erklärte James kleinlaut.

„Damit haben wir alle in Gefahr gebracht. Das tut uns wirklich leid", fügte Sarah hinzu.

„Versprecht ihr mir, dass ihr in Zukunft mit brennenden Kerzen vorsichtiger seid?", fragte Sam.

Die beiden nickten eifrig.

„Gut, dann habe ich hier etwas für euch, was die Stimmung vielleicht noch retten kann", lächelte Sam.

„Sams Zuckeräpfel!" Laut jubelnd streckten
die Kinder ihre Hände danach aus.
Und Elvis half Sam beim Verteilen. „So,
einen für dich … und für dich … und für
dich. Und was ist mit euch, Charlie und
Gwendolyn?", rief er den Partygästen zu.
„Sehr gern", erwiderte Gwendolyn.
„Und was ist mit mir?", brummte
Hauptfeuerwehrmann Steele und zog seine Monstermaske vom Gesicht.
„Ich habe gehört, hier wird eine Mitternachtsparty mit Zuckeräpfeln
gefeiert!"
„Das stimmt, Sir!", schmunzelte Sam, und Elvis überreichte seinem Chef
einen besonders gelungenen Zuckerapfel. *Mmmmh* – lecker!

Sam rettet die Tiere

Für Feuerwehrmann Sam begann dieser Tag mit einem ganz besonderen Einsatz. Lizzie Sparkes, die Tierärztin von Pontypandy, hatte ihn dringend zu Hilfe gerufen.

„Da sind wir, Lizzie. Was ist los?", fragte Sam, als er mit seinen Kollegen in Jupiter angebraust kam.

Lizzie zeigte nach oben. Mitten auf dem Dach des gegenüberliegenden Hauses stand Wollie, das geliebte Schaf von Norman Price.

„Määh!", rief es ängstlich.

„Oje, wie ist Wollie denn da hochgekommen?", rätselte Sam.

„Keine Ahnung", antwortete Lizzie. „Aber könnt ihr sie herunterholen?"

„Na klar!", antwortete Sam und machte sich mit seinem Team an die Arbeit.

Nachdem Penny und Elvis das Sprungpolster vorbereitet hatten, holten Sam und
Arnold zwei Leitern aus dem Feuerwehrauto
und kletterten aufs Dach.

„Los, Wollie, komm her!", rief Arnold ungeduldig und winkte das Schaf zu sich.

„So nicht, Arnold, du machst Wollie Angst",
erklärte Sam. „Bei der Rettung von Tieren
ist es ganz wichtig, ruhig zu bleiben."
„Okay, ich versuch's", seufzte Arnold
und beugte sich jetzt weit zu dem Schaf
hinüber. Plötzlich schwankte er und
begann, wild mit den Armen zu rudern.
„Uaaah!", rief er erschrocken.

Oh nein! Arnold verlor das Gleichgewicht, stürzte vom Dach und landete –
plumps! – direkt im Sprungpolster.

Elvis grinste. „Wir sollten doch eigentlich ein Schaf retten und keinen
Feuerwehrmann, oder?"

Penny und Lizzie schmunzelten, während Arnold unverletzt, aber ziemlich
geknickt von dem Polster herunterkrabbelte.

„Das habe ich wirklich nicht gut gemacht. Sam ist
jetzt bestimmt enttäuscht von mir", murmelte er.

„Das kann doch jedem mal
passieren", tröstete ihn Penny.

„Beim nächsten Mal klappt es
bestimmt besser", fügte Elvis
aufmunternd hinzu.

Oben auf dem Dach war Sam nun auf sich allein gestellt. Mit leiser Stimme
lockte er Wollie zu sich heran. „Schön langsam, ja, so ist es gut!"
Zögernd setzte das Schaf ein Bein vor das andere und kam näher.
Sanft streichelte Sam ihm über den Kopf, dann nahm er es vorsichtig
auf den Arm. „Hab ich dich, du Ausreißer!" Erleichtert zeigte Sam seinen
Kollegen den erhobenen Daumen.
„Bravo, Sam! Das hast du wieder einmal großartig gemacht", riefen sie
ihm zu.
„Das war nicht ich allein, das waren wir alle", korrigierte Sam, bevor er mit
Wollie im Arm die Leiter hinabstieg.

Norman Price bekam von der ganzen Aufregung um sein Schaf nichts mit.
Er war gemeinsam mit Trevor Evans und seinen Freunden Mandy, Sarah
und James als Pfadfinder unterwegs.

„Ihr könnt heute das Kartenlese-Abzeichen
erwerben", erklärte Trevor. „Sarah und James
sind ein Team, Norman und Mandy das andere.
Wer mithilfe der Karte zuerst den Weg zum Kap
Pontypandy findet, bekommt dort das Abzeichen
von mir angesteckt." Dann überreichte Trevor
jedem Team eine Landkarte und ein Notfallhandy.
„Auf geht's, Pfadfinder!", feuerte er die Kinder an
und winkte ihnen hinterher.

„Das finden wir schneller ohne diesen blöden Plan", sagte Norman zu Mandy und rannte einfach los.

Mandy faltete kopfschüttelnd die Landkarte zusammen und folgte ihrem Freund quer über Hänge und Wiesen. Das war mal wieder typisch Norman – warum musste er nur ausgerechnet in ihrem Team sein?

„Schau mal, was wir hier haben: ein Pferd!" Norman stand auf einem Baumstumpf und strahlte. „Damit werden wir lange vor den anderen am Ziel sein."

„Aber wir können doch gar nicht reiten", wandte Mandy ein.

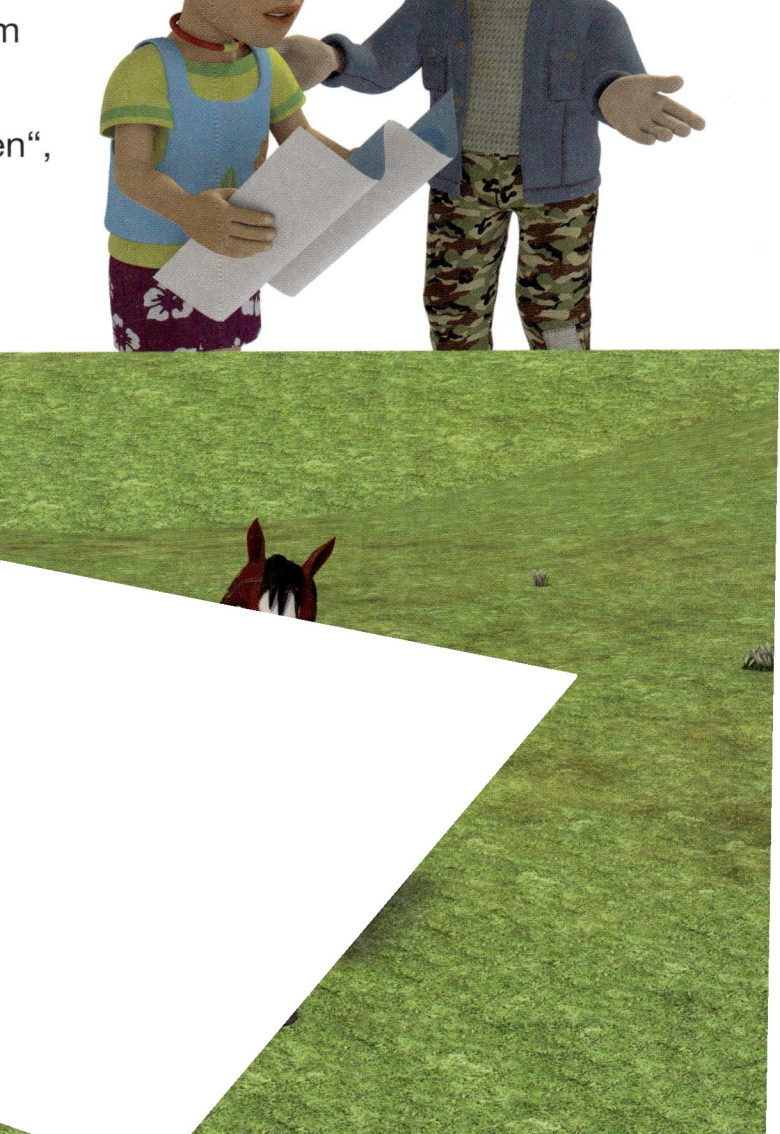

„Reiten kann jeder", erwiderte Norman und kletterte auf den Rücken des Pferdes. „Los jetzt, Pferdchen!"

Das ließ das Pferd sich nicht zweimal sagen. Laut wiehernd galoppierte es los.

Verzweifelt versuchte Norman, sich festzuhalten. „Stopp! Halt! Hilfe!", schrie er.

Sarah, die gerade mit James die Landkarte studierte, hob den Kopf. „Hast du das gehört?", fragte sie ihren Bruder.

James nickte. „Ich glaube, das war Norman."

Im selben Moment schoss das Pferd mit Norman auf seinem Rücken in wildem Galopp an ihnen vorbei. Entsetzt blickten sie hinterher.

Sie sahen gerade noch, wie das Pferd mit einem Riesensatz über einen Steinwall sprang – *platsch!* –, direkt in ein riesiges Schlammloch. Atemlos kam nun auch Mandy angerannt und warf einen Blick über die Mauer. „Oje! Norman steckt mit dem Pferd im Schlamm fest", stöhnte sie.

„Ihr müsst mich hier rausholen", flehte Norman seine Freunde an. „Das Pferd und ich sinken immer tiefer ein."

Sarah griff nach ihrem Notfallhandy. „Wir rufen Feuerwehrmann Sam."

„Ich schau mal auf der Karte, wo wir genau sind", sagte James.

Dann gab Sarah Sam alle notwendigen Informationen durch.

„Wir müssen noch einmal zu einem Tierrettungseinsatz. Lizzie, würdest du uns bitte begleiten?", bat Sam. „Und dann brauche ich noch einen guten Feuerwehrmann. Arnold, kommst du mit?"

Verwundert blickte Arnold Sam an. „Ich?", fragte er.

„Ja, du", bestätigte Sam.

„Danke für diese zweite Chance", strahlte Arnold.

Schnell stiegen die drei in den Feuerwehrwagen und fuhren zu der Stelle, die Sarah ihnen genannt hatte.

Dort rollte Sam eine Rettungsmatte aus, auf der sie sich bewegen konnten, ohne selbst im Schlamm zu versinken.

„Ich habe unser Kranfahrzeug Phönix angefordert, mit dem wir das Pferd aus dem Schlamm ziehen können", erklärte Sam. „Aber zuerst müssen wir Norman retten. Arnold, sorgst du dafür, dass das Pferd ruhig bleibt?"

Vorsichtig näherte Arnold sich dem Tier. „Keine Angst, alles wird gut", flüsterte er dem verängstigten Pferd, das immer tiefer im Schlamm versank, ins Ohr. Dann streichelte er es behutsam.

„Sehr gut, Arnold", lobte Sam und hob Norman von dem Pferd herunter. Geschafft!

Mittlerweile war auch der Kranwagen eingetroffen. Schnell befestigte Sam die Gurte an dem Tier. Im Nu war das Pferd mithilfe des Krans aus dem Schlammloch gehoben und wurde in Lizzies Obhut übergeben.

Kurze Zeit später überreichte Trevor Evans mit feierlicher Miene Sarah und James das Kartenlese-Abzeichen. „Das habt ihr euch wirklich verdient. Ohne eure Kartenlese-Kunst hätten wir Norman niemals so schnell finden können", sagte er.

„Was?", rief Norman empört. „Das ist ungerecht! Wir sind noch gar nicht am Kap Pontypandy angekommen. Und überhaupt: Wieso immer James?"

„Arnold, ich glaube, da ist noch jemand, der von dir beruhigt werden muss", meinte Sam schmunzelnd.

Arnold lachte. Dann drehte er sich zu Norman: „Ganz ruhig, bloß nicht aufregen …!"

Pontypandy im Fußballfieber

Ganz Pontypandy war im Fußballfieber. Denn an diesem Wochenende stand das wichtigste Spiel des Jahres an: die Fliegenden Funken gegen die Pontypandy Kickers!

Norman war ein großer Fan der Fliegenden Funken, und sein Lieblingsspieler war – natürlich – Feuerwehrmann Sam. Norman wollte sich gerade auf den Weg zum Spiel machen, als er plötzlich die strenge Stimme seiner Mutter hörte.

„Norman Price! Denk dran, dass du Bella Lasagne versprochen hast, ihr heute in ihrem Pizzastand im Park zu helfen", erinnerte Dilys ihn.

Oh nein! Das hatte Norman ganz vergessen.

Im Park von Pontypandy machten sich mittlerweile die Mannschaften bereit, und die Zuschauer versammelten sich am Spielfeldrand. Mike Flood übernahm die Rolle des Schiedsrichters und rief die Trainer der beiden Mannschaften zu sich. „Ich werde eine Münze werfen, welches Team beginnen darf", erklärte er. „Kopf oder Zahl?" „Zahl", antwortete Trevor Evans für die Pontypandy Kickers.

„Kopf", entgegnete Hauptfeuerwehrmann Steele für die Fliegenden Funken.

Mike warf die Münze: Kopf! Damit bekamen die Fliegenden Funken den Anstoß.

Nach dem Anpfiff passte Feuerwehrfrau Penny ihrem Kollegen Elvis den Ball zu, der ihn aber gleich an Lizzie Sparkes verlor.

„Bravo, Lizzie, super gemacht!", jubelten die Fans der Pontypandy Kickers und klatschten Beifall.

„Auf geht's, holt euch den Ball zurück", hielten die Fans der Fliegenden Funken dagegen und schwenkten ihre Fahnen. Das ließ Elvis sich nicht zweimal sagen. Im Nu hatte er den Ball gefangen und hielt ihn fest mit beiden Händen umklammert.

Sofort griff Mike nach seiner Schiedsrichterpfeife.

„Handspiel bei den Fliegenden Funken. Elfmeter für die Pontypandy Kickers", entschied er.

Norman war verzweifelt. So ein spannendes Spiel, und er durfte nicht zuschauen! Stattdessen musste er sich am Stand oben am Hang von Bella erklären lassen, wie man Pizza macht.

„Erst den Teig ganz bellissimo dünn ausrollen, dann einen Klecks von meiner leckeren Tomatensoße, zum Schluss besten Mozzarella aus Italien – und ab in den Ofen", erklärte sie in ihrem italienischen Akzent.

Aber Norman hörte Bella gar nicht richtig zu. Immer wieder versuchte er, vom Pizzastand aus einen Blick aufs Spielfeld zu erhaschen. „Ob die Fliegenden Funken wohl schon in Führung liegen?", überlegte er.

Da riss Bella ihn aus seinen Gedanken. „Pronto, Norman! Vergiss für einen Moment das Fußballspiel!", sagte sie.

Kurze Zeit später war die erste Pizzabestellung fertig.

„Pizza Peperoni – beste Pizza von Bella Lasagne", strahlte Bella und schickte Norman zum Steinofen. „Sehr heiß", warnte sie.

Doch wieder war Norman von dem spannenden Spiel unten im Park vollkommen abgelenkt. Ohne den Blick vom Fußballplatz zu wenden, balancierte er die Pizza in den Pappkarton, um sie auszuliefern. Dabei bemerkte er nicht, dass er mit der Pizza glühende Kohle aus dem Ofen geholt hatte.

„Aber jetzt verpasse ich die zweite Halbzeit", nörgelte er.

„Sind wir ein Pizzaservice oder nicht?", fragte Bella.

Widerwillig nahm Norman den Karton und setzte sich in sein Tretauto.

Langsam fuhr Norman los. Nach ein paar Metern rümpfte er plötzlich die Nase.

„Die Pizza riecht aber rauchig. Fast so, als würde sie brennen", wunderte er sich und inspizierte den Karton, anstatt auf die Straße zu achten.

Da verlor er auch schon die Kontrolle über sein Fahrzeug. Das Tretauto kam vom Weg ab, rollte auf die Wiese und raste den Abhang hinunter, direkt auf das Fußballfeld zu. *Hui!* In hohem Bogen flog der Pizzakarton von Normans Knien ins Gras. Und Norman selbst landete – im Tor! Die Zuschauer lachten.

Nur Sam und Elvis war nicht zum Lachen zumute.
Sie erkannten sofort den Ernst der Lage. Der Pizzakarton
hatte tatsächlich Feuer gefangen und das trockene Gras
in Brand gesetzt. Blitzschnell breiteten sich die Flammen
auf der Wiese aus und näherten sich bedrohlich
Bellas Pizzastand.
„Wir brauchen Verstärkung", beschloss Sam und
informierte seine Kollegen auf der Feuerwache.
„Eine Wiese brennt im Pontypandy-Park.
Hauptfeuerwehrmann Steele, Penny, Elvis und ich
sind bereits vor Ort."
„Verstanden, Sam. Wir kommen", erwiderte
Feuerwehrmann Arnold.

Tatütata! Nach wenigen Minuten trafen Arnold und Ellie mit Jupiter ein. Sam übernahm das Kommando. „Penny, wir beide bekämpfen das Feuer von hier unten. Arnold, du versorgst uns mit Wasser. Elvis und Ellie, ihr

räumt den Pizzastand."
Alle nickten. Sie waren ein einge-spieltes Team, und jeder wusste, was zu tun war.
Sam, Penny und Elvis mussten nur noch ihre Fußballtrikots gegen Uniform und Helm tauschen, dann konnte es losgehen.
Arnold rollte schnell die Schläuche aus und stellte das Wasser an. Penny und Sam begannen, das Feuer zu löschen.

Die Spieler und Zuschauer standen derweil auf dem Fußballfeld und be-
obachteten gespannt die Löscharbeiten. Und siehe da: Nur kurz darauf
waren alle Flammen erstickt.

Geschafft! Arnold stellte das Wasser ab und rollte die Schläuche wieder auf.

Erleichtert wandte sich Sam an die Gruppe auf dem Spielfeld: „Zum Glück
ist nichts passiert, und das Feuer hat den
Pizzastand oben am Hang nicht erreicht.
Aber ihr habt gesehen, wie schnell
sich so ein Brand in der freien Natur
ausbreiten kann. Wie konnte es überhaupt
so weit kommen?"

Kleinlaut meldete sich Norman zu Wort. „Es war meine Schuld!", sagte er.
„Ich hätte mich mehr auf meine Pizza als auf das Fußballspiel konzentrieren
müssen. Bitte entschuldige, Sam. Und du auch, Bella."
„Nicht schlimm, Norman", lächelte Bella und strich ihm über den Kopf. „Ich
kann dich ja verstehen. Ich liebe Fußball wie du."

„Wirklich?", fragte Norman ungläubig.
„Wirklich!", bekräftigte Bella, nahm sich
den Ball und versenkte ihn mit einem
gezielten Schuss im Tor. 1:0 für Bella!
Bravissimo! Die Zuschauer klatschten
und jubelten begeistert.

„Ich würde sagen, damit ist das Spiel entschieden, und wir können zum gemüt-
lichen Teil übergehen: Pizza für alle!", beschloss Mike und pfiff das Spiel ab.

An Bellas Stand nahm Norman die Bestellungen auf.

„Eine Margherita, bitte!"

„Ich nehme eine Pizza Salami!"

„Und ich eine mit Thunfisch!"

Mamma mia, wie sollte er da den Überblick behalten?

Schließlich waren alle Gäste versorgt und lachten
und redeten fröhlich durcheinander.

Nur die beiden Trainer stellten lieber das
Spiel auf dem Tisch noch einmal nach –
mit einem Hackbällchen von ihrer Pizza
als Ball.

Einsatz am Abgrund

Die Kinder von Pontypandy waren ganz aufgeregt. Für ihre Ausbildung als Junge Retter durften sie mit dem Team von Feuerwehrmann Sam in die Berge fahren. Sarah, James, Mandy und Hannah trafen pünktlich am Bahnhof ein.

„Jetzt fehlt nur noch Norman", stellte Penny mit einem Blick auf ihre Liste fest.

Sam sah auf die Uhr. „Der Zug fährt gleich los. Wir müssen einsteigen", entschied er und machte es sich auf seinem Platz gemütlich. „Ein Tag ohne Norman Price könnte ein entspannter Tag werden", dachte er.

Unterdessen trat Norman zu Hause
ungeduldig von einem Bein auf das
andere.

„Mum, wir müssen los. Heute machen die
Jungen Retter doch ihren Ausflug", rief er.

„Nur keine Hektik", antwortete Dilys. „Ich
komme ja schon."

Da stoppte Feuerwehrfrau Ellie mit Venus
vor dem Sparpreis-Supermarkt. „Norman, wolltest du nicht mit auf den
Ausflug? Die Jungen Retter sind gerade losgefahren", wunderte sie sich.

„Was???", beschwerte sich Norman. „Ohne mich?!"

„Ja", meinte Ellie. „Aber wenn ihr euch beeilt, könnt ihr sie vielleicht noch
einholen."

Kurz entschlossen setzte Dilys sich ans Steuer ihres kleinen blauen Transporters.

„Wenn wir nicht rechtzeitig da sind, verpasse ich als Einziger den Helikopterflug, den Sam uns versprochen hat", jammerte Norman.

„Keine Sorge, mein Goldschatz, das schaffen wir", versprach Dilys. Sie trat kräftig aufs Gaspedal und fuhr mit quietschenden Reifen los.

Im Bergsteiger-Erlebnispark hatte für die anderen Kinder inzwischen der Erste-Hilfe-Kurs begonnen.

„Jeder Junge Retter muss wissen, wie man einen Verletzten transportiert", erklärte Penny. „Wir üben das heute einfach mal an Sam und Moose."

Im Auto rutschte Norman unruhig auf seinem Sitz hin und her.

„Wir sind gleich da", versuchte Dilys, ihn zu beruhigen. „Ich kenne nämlich eine Abkürzung quer durch den Wald", fügte sie stolz hinzu und wirbelte das Lenkrad herum. Der Wagen raste in einen schmalen Waldweg hinein. Norman riss erschrocken die Augen auf. „Mum, pass auf, da liegt ein Baum auf dem Weg!", rief er.

Dilys bremste scharf, verlor dabei aber die Kontrolle über das Auto. Hilfe! Der Wagen schlitterte auf eine tiefe Schlucht zu, hob ab – und landete in einem Baum am Rand des Abgrunds.

„Ich befürchte, wir brauchen Feuerwehrmann Sam", jammerte Dilys mit zitternder Stimme.

In der Zwischenzeit hatten Sarah,
James, Mandy und Hannah ihren
Erste-Hilfe-Kurs erfolgreich beendet.
„Das habt ihr sehr gut gemacht", lobte
Feuerwehrmann Sam. „Und ich glaube,
da kommt auch schon Tom mit eurer
Belohnung!"

Ein lautes Dröhnen war zu hören.
„Wallaby 2 ist da!", jubelten die Kinder.
Vorsichtig setzte Tom Thomas von der Bergwacht seinen gelben Helikopter
auf der Wiese auf.
„Wer von euch hat Lust auf einen kleinen Rundflug?", wollte er wissen.
„Ich!", riefen alle vier gleichzeitig und stürmten auf den Hubschrauber zu.

„Ich muss euch leider enttäuschen",
unterbrach Sam den Jubel der Kinder.
„Wir haben gerade einen Notruf
bekommen: Dilys und Norman Price
hatten einen Unfall und hängen mit ihrem
Auto über einem gefährlichen Abgrund.
Tom, wir müssen sofort hinfliegen, bevor
der Wagen abrutscht. Elvis kommt mit

uns. Penny und Moose bleiben mit den Jungen Rettern hier."
„Alles klar, Sam", nickte Penny.
Mit Sam und Elvis an Bord startete Tom kurz darauf den Helikopter,
während Hannah, James, Mandy und Sarah enttäuscht zum Bergsteiger-
Erlebnispark zurückkehrten.

Wenig später erreichte Wallaby 2
die Unfallstelle.

„Da unten sind sie, Tom", meldete
Sam. „Elvis und ich seilen uns zu
ihnen ab."

Während Tom den Helikopter auf
Position hielt, legten Sam und Elvis
ihre Rettungsgurte an. Dann ließen sie
sich Stück für Stück zu dem Auto hinunter.

Sam klopfte an die Scheibe der Beifahrertür. „Seid ihr okay, Norman?",
erkundigte er sich.

Norman nickte. „Aber wir bekommen die Türen nicht auf", rief er.

Sam sah zu Elvis, der auf der Fahrerseite auf das Kommando wartete.

„Bereit?", fragte Sam.

„Bereit!", erwiderte Elvis.

„Eins, zwei, drei", gab Sam das Kommando. Die Feuerwehrmänner rissen mit einem kräftigen Ruck gleichzeitig die Fahrer- und die Beifahrertür auf und hakten Dilys und Norman in ihre Gurte ein. „Bleibt ganz ruhig und haltet euch einfach an uns fest!", sagte Sam.

Mit erhobenem Daumen gab er Tom das Zeichen, sie langsam hochzuziehen.

Im nächsten Moment stürzte der Wagen in die Tiefe. Das war gerade noch einmal gut gegangen!

Ein paar Minuten später landete der Helikopter am Bergsteiger-Erlebnispark. Dort wurden Dilys und Norman herzlich von Penny empfangen.

„Wir sind so froh, dass euch nichts passiert ist", rief sie mit einem Lächeln. „Und weil Norman so tapfer war und während der Rettung keine Panik bekommen hat, kriegt er von mir ein Abzeichen."

Sarah, James, Mandy und Hannah schnappten nach Luft. Das durfte doch nicht wahr sein! Erst verhinderte Norman ihren Helikopterflug, dann durfte er selbst als Einziger in Wallaby 2 mitfliegen, und jetzt bekam er auch noch ein Tapferkeitsabzeichen? Das war einfach nicht fair!

„Und was ist mit meinem Auto?", erkundigte sich Dilys.

„Ellie kümmert sich darum", antwortete Sam.

Da piepte auch schon sein Handy. Nachricht von Ellie! Neugierig scharten sich alle um Sam.

„Das Auto ist leider Schrott", las Sam laut vor und zeigte ein Foto von den blauen Blechtrümmern herum.

Dilys fiel vor Schreck in Ohnmacht. Moose kniete sich schnell neben sie und fühlte ihren Puls. „Keine Sorge, sie ist gleich wieder wach", versicherte er und lächelte. „Zum Glück haben wir ja gerade einen Erste-Hilfe-Kurs gemacht!"

Vorhang auf für Normans Zirkus

„Normans Spitzenzirkus – heute Abend hier im Park!", schallte es laut durch die Straßen von Pontypandy.

Neugierig traten Sarah und James näher. Ihr Freund Norman stand mit schwarzem Umhang und Zylinder vor einem selbst gemalten Plakat und brüllte in sein Megafon.

„Was machst du da?", wollte Sarah wissen.

„Ich mache Werbung für meinen Spitzenzirkus", antwortete Norman. „Wollt ihr Karten?"

„Spitzenzirkus? Heißt das mit Akrobaten und Raubtieren?", fragte James.

„Ja klar", bestätigte Norman.

„Na gut, dann nehmen wir zwei Karten", sagte Sarah.

Nur wenige Straßen weiter war Hauptfeuerwehrmann Steele gerade damit beschäftigt, eine Miniaturlandschaft von Pontypandy aufzubauen. Stolz führte er Feuerwehrmann Sam und Feuerwehrfrau Penny sein Werk vor.

„Ich bin fast fertig. Mike Flood wird mir noch helfen, eine Lichterkette anzubringen. Dann ist alles bereit für die feierliche Einweihung von Mini-Pontypandy am heutigen Abend!", erklärte Mr Steele.

„Das ist einfach unglaublich. Es sieht genau so aus wie das Original", lobte Penny ihren Chef.

„Ja, Sie haben wirklich an alles gedacht, Sir", fügte Sam anerkennend hinzu.

Im Park hatten sich bereits einige Zuschauer vor Normans Bühne eingefunden.

„Herzlich willkommen zur aufregendsten Zirkusvorstellung der Welt!", begrüßte Norman sein Publikum und trat vor den Vorhang. „Die Show beginnt mit einer unglaublichen Sensation: der Tellerjongliernummer!"

Norman nahm drei Porzellanteller, die er aus dem Küchenschrank seiner Mutter Dilys stibitzt hatte, und ließ sie auf Holzstöcken kreisen. Allerdings nur ganz kurz, denn schon nach wenigen Sekunden begannen die Teller, gefährlich zu wackeln. Mit lautem Kleppern fielen sie schließlich auf den Boden und zerbrachen in tausend Stücke. *Krach!*

Skeptisch blickten die Zuschauer auf die Bühne.

„Kein Problem", rief Norman gut gelaunt. „Die nächste Nummer wird euch begeistern. Es handelt sich um die spektakuläre Trapez-Sensation!"

Mit diesen Worten kletterte Norman in einen alten Autoreifen und schwang sich in die Luft.

„Spektakuläre Trapez-Sensation?", wiederholte Hannah spöttisch. „Das ist eine ganz normale Reifenschaukel."

„Dein Zirkus ist sooo langweilig", beschwerte sich Sarah.

„Hattest du nicht was von Raubtieren gesagt?", fragte James.

„Allerdings! Ich werde gleich vor euren Augen einen wilden Tiger zähmen", verkündete Norman. Er zeigte auf eine Holzkiste, auf der Gwendolyns Katze Tiger lag und schlief.

Sarah gähnte. „Das reicht – wir gehen!"

„Nein, wartet!", rief Norman. „Sonst verpasst ihr das Finale: den Sprung der Schafe über den Turm der tausend Tassen!"

Schnell stapelte Norman Dilys' bestes Geschirr aufeinander, dann lockte er die Schafe, die hinter ihm auf der Wiese weideten.

„Na, kommt zu mir ..."

Und tatsächlich: Die Schafe gehorchten seinem Befehl!

Doch statt über den Turm zu springen, rannten sie mitten hindurch, sodass der Tassenturm scheppernd in sich zusammenfiel.

„Oh nein!", stöhnte das Publikum.

„Halt, stopp!", rief Norman den Schafen zu.

Aber das scheuchte die Tiere nur noch mehr auf. Panisch ergriffen sie die

Flucht und liefen aus dem Park in den Ort, durch die Straßen, in die Läden, in die Gärten und in die Häuser. Joe Sparkes wurde vor seiner Haustür beinahe umgerannt.

„Ich rufe wohl besser die Feuerwehr", entschied er.

Auf der Feuerwache nahm Elvis Joes Anruf entgegen.

„Eine in Panik geratene Schafherde rennt völlig unkontrolliert durch Pontypandy", wiederholte Elvis und überlegte. Er musste umgehend Sam informieren!

Sam und Penny waren zwar immer noch damit beschäftigt, gemeinsam mit Mike Flood Hauptfeuerwehrmann Steeles Miniaturlandschaft für die Einweihung am Abend vorzubereiten. Doch als Elvis sie per Funk kontaktierte, legten sie sofort Hammer und Farbrolle beiseite.

„Mike, den Rest schaffst du auch allein. Elvis braucht unsere Hilfe", erklärten sie und machten sich auf den Weg zur Feuerwache.

„Wir müssen schnell reagieren und die Straßen sperren", sagte Sam zu seinem Team. „Außerdem brauchen wir unsere Spezialausrüstung für Tierrettungseinsätze."

Ruck, zuck zogen die Feuerwehrleute ihre grau-gelben Uniformen an und sprangen in ihre Fahrzeuge: Sam und Penny nahmen Venus, Ellie nahm Jupiter, Arnold schnappte sich Phönix, und Elvis stieg in Merkur. So konnten sie die wichtigsten Ortsausgänge blockieren.

„Jetzt machen wir am besten zu Fuß weiter", meinte Ellie. Mit gelben Absperrwänden begannen sie, die Schafe zusammenzutreiben.

Nach und nach gelang es ihnen, alle Tiere vom Wasser wegzulenken und zu umzingeln. Geschafft!

„Einsatz erfolgreich beendet, Sir. Wir haben alle Schafe eingefangen", meldete Sam an Hauptfeuerwehrmann Steele.

„Nicht ganz", stöhnte Mr Steele und blickte auf einen einsamen Ausreißer, der mitten in Mini-Pontypandy stand und genüsslich an einem Baum aus Mr Steeles Gärtchen knabberte.

„Wir sind schon unterwegs", meinte Sam und lachte. Und nur kurz darauf war auch das letzte Schaf wieder bei seiner Herde auf der Weide.

Nun stand der geplanten Einweihung der Miniaturlandschaft nichts mehr im Wege. Am Abend versammelten sich die Bewohner von Pontypandy und das gesamte Feuerwehrteam am Hafen. Mike nahm seine Fernbedienung zur Hand. „Ich starte jetzt den Countdown: drei, zwei, eins!"

Dann legte er den Hebel um, und ganz Mini-Pontypandy erstrahlte in hellem Lichterglanz. Ein Raunen ging durch die Menge. Die Straßen, die Häuser, die Menschen – alles sah genau so aus wie in Wirklichkeit!

„Ist das schön!", flüsterte Hauptfeuerwehrmann Steele gerührt.

In diesem Moment bog Norman mit seiner Holzkiste auf Rädern um die Ecke und unterbrach die feierliche Stimmung. „Willkommen zur spektakulärsten Straßen-Show der Welt! Vorhang auf für Normans Flohzirkus. Ta-ta-ta-ta!" Mit Schwung zog er die rote Decke von der Kiste. „Spektakulärste Straßen-Show? Bist du dir diesmal sicher?", fragte Sarah zweifelnd.

„Ganz sicher!", bestätigte Norman. „Meine Flöhe sind sensationell. Sie springen höher und weiter als jeder andere Floh."

„Da bin ich aber mal gespannt", grinste James. „Wo sind sie denn, deine Flöhe?"

„Ähhh ...", stammelte Norman und blickte ratlos in seine Kiste. „Keine Ahnung, eben waren sie noch da." Er sah sich um. „Irgendwo müssen sie doch sein ..."

Da spürte er plötzlich ein brennendes Jucken im Nacken, am Rücken, an den Knien und unter den Füßen. Auch Sarah und James kribbelte es am Kopf, Mandy kratzte sich am Bauch, und Hannah juckte es wie verrückt hinter den Ohren.

„Ich glaube, ich weiß, wo sie sind", gab Norman zu.

Sarah, James, Mandy und Hannah stöhnten. „Norman Price, du bist wirklich der schlechteste Zirkusdirektor der Welt!"

Feuerwehrmann Sam und Jupiter

Mutig, einfallsreich, hilfsbereit – das ist Feuerwehrmann Sam. Er behält in gefährlichen Situationen einen kühlen Kopf und hat für jedes Problem eine Lösung. Sein ganzer Stolz ist Jupiter – das große rote Löschfahrzeug.

HauptFeuerwehrmann Steele

„Und stillgestanden!", ruft Mr Steele, der Chef der Feuerwache, seine Leute zur Ordnung. Regeln und Grundsätze sind für ihn das Wichtigste. Und die versucht er, auch seinen Leuten beizubringen.

Elvis Cridlington

Elvis, Sams Lehrling und Gehilfe, bewundert Sam und ist mit Leib und Seele Feuerwehrmann.

Penny Morris ...

... war lange die einzige Feuerwehrfrau in Pontypandy. Sie rettet, löscht und packt genauso zu wie die Männer der Wache. Penny fährt das kleine Feuerwehrauto Venus, um das sie sich auch mit viel Liebe kümmert.

Helen Flood

Wenn es bei einem Unfall Verletzte gibt, ruft Feuerwehrmann Sam Helen Flood. Denn sie ist Pontypandys Krankenschwester und Sanitäterin. In Notfällen ist sie sofort zur Stelle und behält immer die Nerven. Aus der Ruhe bringt sie nur ihre Tochter Mandy, die viel Unfug im Kopf hat.

Tom Thomas

Wenn jemand in schwindelerregender Höhe in Not gerät, ist Tom mit seinem Helikopter sofort zur Stelle.

Joe und Lizzie Sparkes

Joe und Lizzie sind die Eltern von Hannah. Joe ist Automechaniker und hat eine eigene Werkstatt. Seine Frau Lizzie ist Tierärztin und leitet die Tierklinik von Pontypandy.

Arnold McKinley

Arnold McKinley kommt wie Ellie frisch von der Feuerwehrakademie nach Pontypandy. Er freut sich darauf, das Gelernte an der Seite von Feuerwehrmann Sam umsetzen zu können.

Ellie Phillips

Feuerwehrfrau Ellie Phillips hat genau wie Arnold ihre Ausbildung als eine der Klassenbesten beendet. Sie ist selbstbewusst und hoch motiviert.

Titan

Das Löschboot Titan hat zwei Wasserwerfer. Es pumpt das Löschwasser direkt aus dem Meer, daher braucht es keine Wassertanks.

Neptun

Ist jemand auf dem Wasser in Not geraten? Mit dem gelben Schlauchboot Neptun ist das Team schnell vor Ort.

Juno

Bei einem Einsatz auf dem Wasser ist Sam sofort mit dem Jetski Juno zur Stelle. Juno ist eines der Rettungsfahrzeuge in der neuen Wasserwacht.

Ben Hooper

Ben ist speziell für die Küstenwache ausgebildet und Experte für die Seenotrettung. Er arbeitet in der Wasserwacht und unterstützt Sam und dessen Team bei Einsätzen auf dem Wasser.

Dilys Price

Normans fürsorgliche Mutter ist Pontypandys Tratschtante Nummer eins. Sie betreibt den Supermarkt in Pontypandy. Norman mag es überhaupt nicht, wenn sie ihn „Mamis kleiner Liebling" nennt.

Norman „Frechdachs" Price

Norman wird es nie langweilig. Denn er hat stets verrückte Ideen. Oft bringt er sich dabei in Gefahr. Zum Glück ist Feuerwehrmann Sam immer rechtzeitig da, um das Schlimmste zu verhindern.

Charlie und Gwendolyn Jones

Das sind die Eltern von Sarah und James. Charlie ist Sams Bruder und von Beruf Fischer. Seine Frau Gwendolyn interessiert sich sehr für Magie und Zauberei. Zusammen betreiben die beiden das Kabeljau-Café.

Sarah und James

Die Zwillinge sind Feuerwehrmann Sams Nichte und Neffe. James findet es schön, wenn richtig was los ist, und möchte später auch einmal Feuerwehrmann werden – wie sein Onkel Sam. Seine Schwester Sarah dagegen mag es eher ruhiger.

Schnuffi

Der mutige Dalmatiner ist ein ausgebildeter Rettungshund. Mit seiner Spürnase hat er schon so manchen verunglückten Bewohner von Pontypandy gefunden und gerettet.

Trevor Evans

Pontypandys Busfahrer lässt für eine gute Tasse Tee schon mal alles stehen und liegen – leider manchmal auch seinen Bus. Dennoch kann niemand dem fröhlichen Trevor böse sein.

Mike Flood

Gibt es was zu reparieren? Dann ist Mike, Mandys Vater, der richtige Mann. Es gibt fast nichts, was Mike nicht wieder in Ordnung bringen kann. Bei seinen Basteleien ist er aber mit dem Kopf nicht immer bei der Sache. So gerät er oft in gefährliche Situationen, aus denen Sam ihn retten muss.

Mandy Flood ...

... ist stets gut gelaunt und hat unzählige Ideen, die viel Spaß bringen. Doch oft handelt sie, bevor sie darüber nachdenkt, und sorgt damit immer wieder für Aufregung.

Frau Chen ...

... ist Lehrerin und Mutter der kleinen Lily.

Hannah Sparkes

Hannah braucht einen Rollstuhl, da sie ihre Beine nicht bewegen kann. Mit ihrer fröhlichen Art ist sie bei jedem beliebt.

Derek Price ...

... ist Normans Cousin. Die beiden sehen sich zum Verwechseln ähnlich und halten mit ihren verrückten Ideen die Feuerwehr von Pontypandy in Trab.

Lily Chen

Lily ist die Tochter der Lehrerin Frau Chen. Sie ist sehr neugierig, was sie immer wieder in Schwierigkeiten bringt.

Phönix

Das Kranfahrzeug ist immer dann im Einsatz, wenn schwere Hindernisse aus dem Weg geräumt werden müssen. Auch große Tiere, die in Not geraten sind, können mit dem Kran auf die Ladefläche gehoben werden.

Gareth Griffiths

Gareth ist Gwendolyns Vater und der Großvater von Sarah und James. Er ist der Lokführer des Pontypandy-Expresses.

Tiger

Anders als der Name vermuten lässt, ist Tiger sanft wie ein Lamm. Die Katze ist Gwendolyn eines Tages zugelaufen, angelockt vom köstlichen Fisch im Kabeljau-Café.

Moose Roberts

Moose Roberts leitet den Bergsteiger-Erlebnispark. Er ist ein begeisterter Bergsteiger und verbringt seine Zeit am liebsten in der Natur.

Merkur

Leuchtend gelb und blitzschnell – das Quad ist eines der Fahrzeuge der Feuerwache von Pontypandy. Sam fährt damit vor allem zu Einsätzen im Gebirge.

Die schönsten Abenteuer

ISBN 978-3-8332-3869-7

ISBN 978-3-8332-3922-9

ISBN 978-3-8332-3870-3

ISBN 978-3-8332-3792-8

ISBN 978-3-8332-3747-8

ISBN 978-3-8332-3734-8

ISBN 978-3-8332-3600-6

GTIN 4026898002953

ISBN 978-3-8332-3731-7

Überall im Handel und auf www.paninishop.de!

PANINI BOOKS

mit Feuerwehrmann Sam

Hubschrauber Wallaby

Feuerwehrauto Venus

Simba

Ultimate Jupiter

Feuerwehrhelm
und Rettungsset

Bettwäsche

Kissen

Decke